REKEN SITWON YO

Pa Julie K. Lundgren
Jean-Pierre Gaston

Yon Liv Crabtree Plantules

TAB DE KONTNI

Sipò Lekòl A Kay Pou Moun Kap Bay Swen Ak Pwofesè Yo

Liv sa ede timoun yo grandi lespri yo nan kite yo pratike lekti. Men kèk kesyon kap ede lektè yo bati konpreyansyon konpetans yo. Epons posib yo parèt an wouj.

Anvan Lekti:

- De kisa mwen panse liv sa ap pale?
    - *Mwen panse ke liv sa se sou reken sitwon yo.*
    - *Mwen panse ke liv sa pral eksplike poukisa yo jòn.*

- Kisa mwen vle aprann sou sijè sa?
    - *Mwen vle aprann sou abitid reken sitwon yo.*
    - *Mwen vle aprann si reken sitwon yo mòde moun.*

Pandan Lekti:

- Mwen mande poukisa...
    - *Mwen mande poukisa reken sitwon yo pafwa kouche sou fon atè lanmè a.*
    - *Mwen mande poukisa yo gen de najwa dorsal.*

- Kisa mwen te aprann jiskaprezan?
    - *Mwen te aprann ke reken sitwon yo naje nan dlo tyèd ak dlo ki mwens fon yo.*
    - *Mwen te aprann ke yo melanje ak sab ki jis anba lanmè a.*

Aprè lekti:

- Ki detay mwen te aprann sou sijè sa?
    - *Mwen te aprann ke reken sitwon yo ka wè koulè.*
    - *Mwen te aprann ke yo melanje nan anviwònman yo pou yo trape bèt yo.*

- Li liv la ankò epi chèche mo vokabilè yo.
    - *Mwen wè mo ki **mwens fon** nan paj 10, ak mo **dorsal** nan paj 14. Lòt mo glosè yo nan paj 22 ak 23.*

REKEN SITWON YO

Èske reken sitwon yo tounen?

Non! Yo sanble yon ti jan jòn.

SA KI SOTI NAN DOSYE YO

Yo ka wè koulè tou!

Yo melanje ak sab ki jis anba **lanmè** a.

Sa ede yo bay
praw yo sipriz.

Yo naje nan dlo tyèd ak dlo ki **mwens fon** yo.

Yo a lachas pwason yo,
rai yo, ak krab yo.

Yo gen de najwa **dorsal**
ki menm gwosè.

SA KI SOTI NAN DOSYE YO

Reken sitwon yo gen menm wotè ak sèrkl baskètbòl yo.

Pafwa yo kouche sou fon atè lanmè a.

Èske yap repoze?
Oubyen yap kache?

SA KI SOTI NAN DOSYE YO

Yo ka ap tann pou **remoras** yo ak lòt pwason pou netwaye yo.

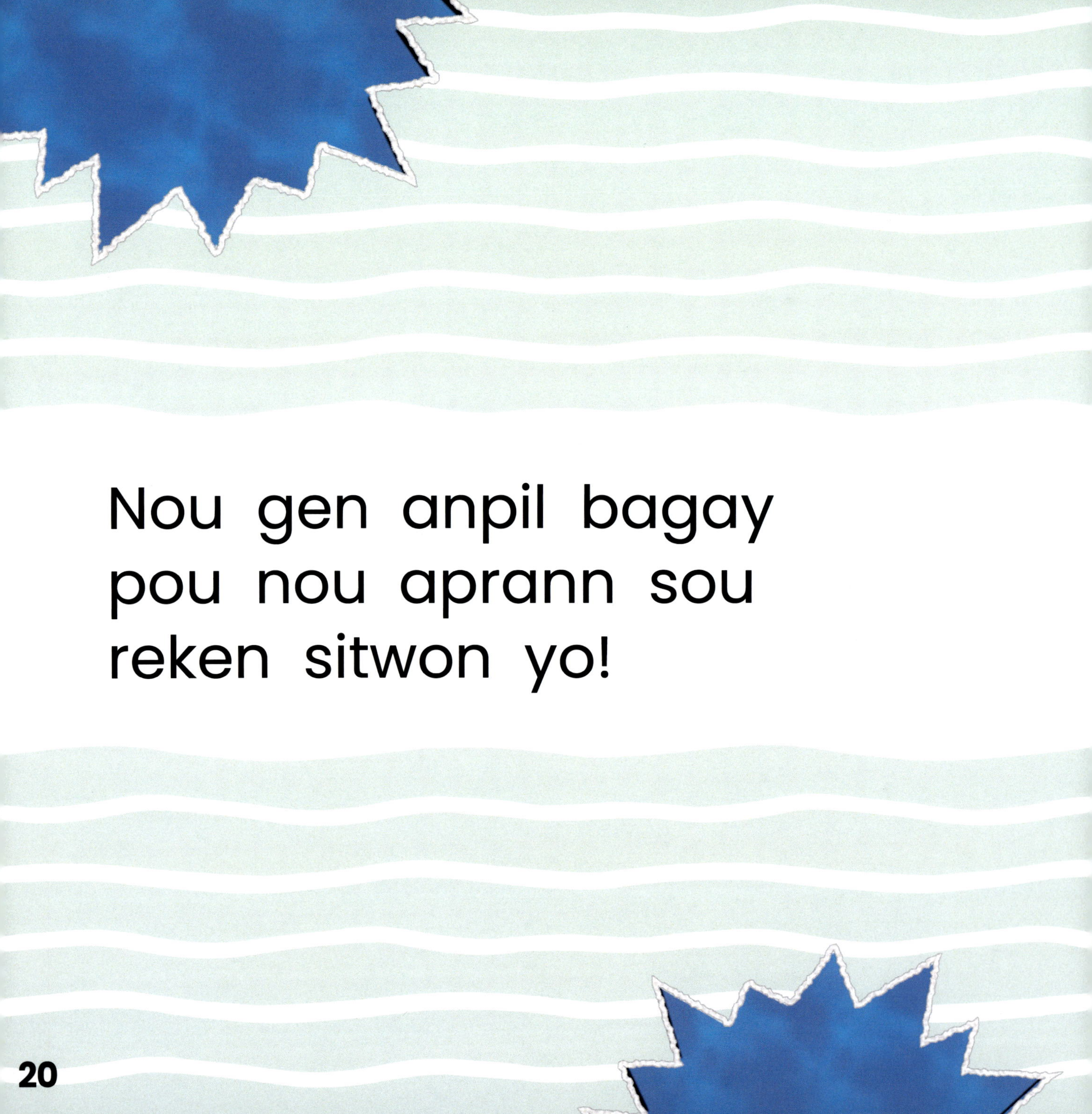

Nou gen anpil bagay pou nou aprann sou reken sitwon yo!

GLOSÈ

dorsal: Yon najwa dorsal se najwa sou pwent do yon reken.

lanmè: Yon lanmè se yon gwo kò dlo sale kote anpil bèt ap viv.

mwens fon: Dlo mwens fon pa fon epi yo souvan tou pre peyi yo.

prwa: Praw se nenpòt bèt yon lòt bèt chase pou manje.

rai yo: Rai yo se bèt lanmè ak gro najwa ki bat pou naje, ak ke long ki mens.

remoras: Remoras yo se pwason ki netwaye rès ti moso manje yo ki kole sou reken yo.

Endèks

Sou Otè A

Julie K. Lundgren

Julie K. Lundgren te grandi tou pre Lak Siperyè kote li te revele ke li te konn jwe nan forè yo, ranmase frèz yo, ak agrandi koleksyon wòch li yo. Enterè li mennen li nan pran yon degre nan byoloji. Li rete nan Minnesota ak fanmi li.

Websites

https://easyscienceforkids.com/lemon-shark

www.montereybayaquarium.org/animals/animals-a-to-z/sharks

Ekri pa: Julie K. Lundgren
Ki fèt pa: Jennifer Dydyk
Editè pa: Kelli Hicks
Korektè: Janine Deschenes
Tradui pa: Jean-Pierre Gaston

Photographs: Shark illustration on cover logo © BATKA/Shutterstock; white shark illustration for "FROM THE FILES" © Dashikka/Shutterstock; Cover photo © Moize nicolas/Shutterstock; pages 3 and 5 © Divepic/istock, inset photo page 5 © Julian Gunther/Shutterstock; page 6 © Leucas/istock, page 7 © Ethan Daniels/ Shutterstock; page 9 both photos © Greg Amptman/Shutterstock; page 11 © frantisekhojdysz/Shutterstock; page 12 © RickRamos1973/istock, page 13 (ray) © Longjourneys/Shutterstock, (crab) Charlotte Bleijenberg/Shutterstock; page 15 © shalamov/istock; page 17 © kaschibo/Shutterstock; page 19 © Michael Bogner/ Shutterstock; page 21 © NaluPhoto/istock; page 22 (top photo) © Pommeyrol Vincent/Shutterstock, (bottom photo) © Ernie Hounshell/Shutterstock

Crabtree Publishing Company
www.crabtreebooks.com 1-800-387-7650

Published in the United States
Crabtree Publishing
347 Fifth Avenue
Suite 1402-145
New York, NY, 10016

Published in Canada
Crabtree Publishing
616 Welland Ave.
St. Catharines, Ontario
L2M 5V6

Printed in Canada/112021/CPC